LES GÉNIES
DE LA FRANCE,

OU

LE VOYAGE DU ROI

DANS LES DÉPARTEMENS DE L'EST,

EN 1828.

PARIS, IMPRIMERIE DE GAULTIER-LAGUIONIE.

LES GÉNIES
DE LA FRANCE,

OU

LE VOYAGE DU ROI

DANS LES DÉPARTEMENS DE L'EST EN 1828,

Poème en douze Tableaux;

PAR ADOLPHE DE MILLY,

GENTILHOMME ORDINAIRE DE LA CHAMBRE DU ROI, CHEVALIER DE L'ORDRE ROYAL DE LA LÉGION-D'HONNEUR.

Et nunc reges intelligite, erudimini qui judicatis terram.

(Ps. II, v. 10.)

A PARIS,

CHEZ DELAUNAY, LIBRAIRE,

PALAIS-ROYAL.

1829.

TABLEAU I.

Invocation. — Songe du poète. — Henri IV lui apparaît.

HENRI IV.

Quel dieu dois-je invoquer? Des rives du Permesse
Accourez, chastes sœurs, protégez ma faiblesse;
Ou plutôt, si ta voix au banquet de ces dieux
Dont la fable jadis avait peuplé les cieux,
Sous la lyre d'Homère enfanta des miracles,
Apollon, dieu du jour, des vers et des oracles,
Prince brillant des cieux, dieu d'un monde enchanté
Au temps des fictions par la Grèce inventé,
Fais jaillir en mes chants ta magique influence;
Du sommet de l'Olympe où ton char se balance,
Descends : mais qu'ai-je dit! ton culte est délaissé,
Tes autels sont détruits et ton règne est passé;
Dieux païens abîmés dans le gouffre des âges,

J'abandonne à jamais vos profanes images :
Évanouissez-vous, esprits mystérieux,
Vous n'êtes plus pour moi qu'un rêve ingénieux!

Dieu du Tasse brillant, c'est toi seul que j'implore,
Viens placer en mes mains cette lyre sonore,
Dont jadis tu tiras de si nobles accens;
Quand guidant vers Sion les chrétiens triomphans,
Tu conduis ton héros dans la ville sacrée,
Du joug des oppresseurs par tes mains délivrée;
Quand tu nous peins Armide en proie à son tourment,
Dans ses bras enchantés retenant son amant.
Mais, de la fable encor la grâce mensongère
Mêlerait à mes chants une pompe étrangère;
L'éclat de mon sujet est dans sa pureté,
Et son seul ornement sera la vérité.

Aimable vérité, vierge aux grâces naïves,
Accours, daigne écouter mes prières craintives.
O le meilleur des rois, viens inspirer mes chants,
Henri, j'adresse un hymne à l'un de tes enfans.

Ma muse en était là. Je maudissais ma veine,

Et prenais pour rimer une stérile peine;
Déjà la douzième heure a d'un son argentin
Retenti douze fois sur le lugubre airain;
Par instans, j'aperçois que ma lampe mourante
Ranime et ralentit sa lueur vacillante;
Du sommeil, avec peine, écartant les pavots,
Mes esprits fatigués vont céder au repos;
Ils succombent. Soudain, une clarté plus pure
Vient frapper mes regards, agrandit la nature;
La douce illusion, dans un monde nouveau,
Des espaces au loin déroulait le tableau.
Le père des Bourbons, que le Français adore,
A mes yeux éblouis vint se montrer encore,
Non pas tel que d'Ivry les champs ensanglantés
Le virent poursuivant les ligueurs indomptés,
Mais comme au jour brillant de son apothéose.
Apparaissant au ciel où sa gloire repose:
Tu m'appelles, dit-il, je me rends à tes vœux,
Par moi la vérité va briller à tes yeux;
De ces champs que l'automne, aux chaleurs tempérées,
Couvre de lis, de fruits et de moissons dorées,
De ces champs fortunés où règnent mes enfans,

Embrassons d'un coup-d'œil les sites ravissans.
Étalant devant nous leurs merveilles unies
Tu verras de la France accourir les génies;
Ils viendront saluer de leurs concerts flatteurs
Ce roi qui, de son Louvre oubliant les grandeurs,
Aux yeux de ses sujets veut se montrer en père,
Et du pauvre joyeux visite la chaumière.

TABLEAU II.

Henri IV transporte le poète dans les airs, et lui montre Charles X suivant les bords de la Marne.—Passage à Meaux. —Consécration d'un temple protestant.

LA PAIX.

Le bienheureux Henri, m'emportant dans les airs,
Me découvrit alors de cent tableaux divers
Le spectacle riant; et sa voix paternelle
Guide ainsi de mes sens la faiblesse mortelle :
« Abaisse tes regards sur les nombreux hameaux,
« Que la Marne embellit de ses tranquilles eaux.
« Cette divinité qui protége la France,
« C'est la Paix! tout s'anime à sa douce présence;
« Du prince, à son passage, elle charme les yeux,
« Et plane sur son front comme un rayon des cieux;
« En vain l'homme souvent la proscrit sur la terre;

« Elle vient, du bonheur aimable messagère,
« A sa fureur coupable arracher ses esprits.
« Sur sa tête, à flots d'or, tombe un bandeau d'épis,
« Et des rubis au loin la pompe éblouissante
« Mêle à la fleur des champs leur onde étincelante;
« Les produits éclatans du travail des humains
« En trésors merveilleux s'échappent de ses mains.
« Se pressant sur ses pas les mères confiantes
« Élèvent leurs enfans dans leurs mains caressantes,
« De tendresse et d'orgueil on voit battre leur sein;
« Sous les remparts de Meaux, de vierges un essaim,
« Mêlant dans leurs cheveux, troupe vive et brillante,
« La blanche marguerite et la rose odorante;
« Et ces jeunes guerriers rachetés du trépas,
« Que n'entraînera plus la fureur des combats,
« Saluant à grands cris le roi qui les protége,
« Environnent la Paix et forment son cortége.
« C'est elle, cependant, qui, d'un regard flatteur,
« Répand sur ce pays la vie et le bonheur;
« Qui dit à la naïade, à la Seine amoureuse,
« D'égarer en détours son onde tortueuse;
« Qui dit au laboureur d'ensemencer ses champs,

« Sans craindre la fureur d'avides conquérans ;
« A la vierge sans fard, qu'une ferme vit naître,
« De se parer de fleurs pour la danse champêtre ;
« A l'époux fortuné qui, pour charmer ses jours,
« A promis à son cœur de tranquilles amours,
« De faire le bonheur d'une épouse si chère,
« Sans quitter le gazon où repose son père !

« A la voix de la Paix, des mêmes vœux unis,
« Renaissent pleins d'espoir les Français rajeunis ;
« Bientôt sur des autels dont la pompe diffère,
« Offrant le même encens et la même prière,
« Elle consacre à Dieu, pour le bonheur du roi,
« Ces temples, monumens de la commune foi
« D'un peuple de chrétiens et d'un peuple de frères,
« Qui n'ont qu'un roi, qu'un Dieu, que les mêmes bannières.

« O bienheureux Français ! abjurant vos erreurs,
« La discorde ne peut de ses vaines clameurs,
« Chez vous, au nom du Ciel, étendant ses ravages,
« Comme au temps de mon règne, égarer vos courages ;
« On ne voit plus vos mains teintes de votre sang,

« Aux yeux de l'ennemi vous déchirer le flanc.
« Ah! des lauriers d'Ivry la vue infortunée
« Trop souvent affligea mon ame consternée!
« Et toi, gloire trompeuse, enivrante vapeur,
« Qui d'un fantôme vain nous présentes l'erreur,
« Tu ne vaudras jamais, et mon cœur peut le dire,
« Des heureux, qu'on a faits, le gracieux sourire.
« Peuple heureux! De ton roi, quand tu formes la cour,
« Tu lui dois un bonheur qu'il ressent à son tour.
« Ah! conserve ces jours de paix et d'innocence;
« Des graces, des vertus que la douce alliance
« Te rende l'âge d'or, dont les rêves chéris
« Vont se réaliser sous les lois de mes fils!

TABLEAU III.

Passage du Roi à La Ferté-sous-Jouarre, Château-Thierry, Dormans, Épernay. — Le Roi reçoit à Château-Thierry l'hommage des poètes de la France.

LA GLOIRE LITTÉRAIRE.

Le héros avait dit. Il contemple en silence
Des champs qu'il aime encor l'éclat et l'abondance.
Mais partout les cités font briller à nos yeux
De jardins enchantés l'appareil merveilleux.
Oui, La Ferté, Dormans, Épernay, c'est à peine
Si de vos murs les yeux peuvent suivre la chaîne,
Ces arbres pavoisés, ces berceaux protecteurs,
Semblent devant le roi faire éclore des fleurs.

Mais quel tableau vivant! quelle nouvelle fête
Brille à Château-Thierry, berceau d'un grand poète!
Des graces, de l'esprit, c'est le riant séjour:

Notre bon La Fontaine en ces lieux vit le jour.
Là viennent se presser des ombres fugitives,
Que ces murs enchantés semblent tenir captives.
Je le vois, c'est ici le temple révéré
Que le génie en pleurs aux morts a consacré;
Souriant aux Français, la Gloire littéraire
De ses nombreux amans apparaît toute fière;
Elle aussi, bénissant un pouvoir paternel,
Apporte de ses vœux le tribut solennel.
Accourant sur ses pas, les maîtres de la lyre
Viennent former sa cour et chanter son délire :
Je vois le peintre heureux, qui, par d'adroits secrets,
Sur la scène comique étala ses portraits,
Et celui qui peignit d'une touche sévère
Chimène à son amant redemandant son père,
Et l'auteur dont la voix, attendrissant les cœurs,
D'un amour malheureux soupira les langueurs.

Du Parnasse français c'est l'élite imposante;
Ils viennent admirer la grâce bienfaisante
De ce roi, petit-fils des rois qu'ils ont chantés.
Ils ont choisi leur temple en ces lieux habités

Par le bon La Fontaine, et de sa voix badine
Réclament à l'envi l'éloquence enfantine.
Je le vois, sans effort il cède à leur désir,
Sa bouche, en souriant, exprime son plaisir.
Il s'avance à pas lents ; dans son nouveau délire
Il écarte les fleurs qui nous cachent sa lyre,
Et veut, comme autrefois, lui demander des sons
Qu'un siècle de silence... Il commence ; écoutons :

« Si j'avais, en naissant, reçu de Calliope
« Les dons qu'à ses amans cette muse a promis,
« Mon cœur, qui se plaisait à célébrer Ésope,
« Vous les eût consacrés si vous l'aviez permis ;
« Mais en vous abaissant à des contes vulgaires,
« Vous puis-je offrir mes vers et leurs graces légères?
« Assez digne pourtant de parer vos autels,
« L'apologue est un don qui vient des immortels ;
« S'il procure à mes vers le bonheur de vous plaire,
« Je croirai lui devoir un temple pour salaire.
« Écoutez cependant mon conte en quatre vers;
« Les contes quelquefois ont instruit l'univers.

LE LIS ET LA ROSE.

« Un beau lis, ornement des champs,
« Brillait aux yeux des gens,
« Quand une rose à tête folle
« Dans son dépit prend ainsi la parole :
« Tout fier de vos parfums, qui remplissent les airs,
« De m'éclipser, je crois, vous vous donnez les airs;
« Cependant que chacun vous offre son hommage,
« On m'admire, on me craint; cela me décourage.
« Naguère Iris, portant sur moi la main,
« Jette un long cri, puis me quitte soudain;
« L'enfant en pleurs retourne vers sa mère.
« Quelle en est la raison? — La voici sans mystère,
« Répond le lis : Sous des charmes brillans,
« Vos fleurs cachent toujours des aiguillons piquans.

« Un conquérant, c'est la rose orgueilleuse,
« Et d'un bon roi le lis est l'image flatteuse. »

TABLEAU IV.

Arrivée du roi à Châlons. — Visite à l'école des arts et métiers. — L'horlogerie. — L'ébénisterie. — Les bois indigènes. — Le placage. — La fonderie. — Le buste du roi est coulé en sa présence.

LES ARTS.

Tout a fui sans retour. On cherche, mais en vain,
Ces auteurs qu'à ses lois rappelle le destin;
Troupe noble et brillante un instant ranimée,
La tombe pour jamais sur toi s'est refermée!

Je regrettais encor ces prestiges heureux,
Quand Châlons tout à coup vint s'offrir à mes yeux.
Les arts ont dans ces murs fixé leur cour savante,
Tributaires du roi, dont la bonté touchante
Se plaît à contempler leurs produits merveilleux,

2

De son règne éclatant monumens orgueilleux.
Le monde et ses trésors deviennent leur conquête;
La nature par eux à nos efforts se prête,
Se plie à nos besoins, sourit à nos plaisirs,
Et se métamorphose au gré de nos désirs.

Quelle main sous nos yeux trace avec patience
Le cercle étroit des jours où le temps se balance?
N'est-ce pas là Saturne en sa prison d'airain?
Sur des pivots d'acier il se débat en vain,
Et, frappant avec art sur un timbre sonore,
Actif, il fait cent tours qu'il recommence encore.

Ici la scie en long déchire en frémissant
Les veines qu'en son sein recèle un bois brillant;
Par un travail nouveau, l'arbre des Hespérides,
Et celui qui chez nous rougit ses fruits acides,
De meubles gracieux nous offrent les contours.
Inséparable encor du chêne ses amours,
L'Hamadryade en pleurs, d'une robe étrangère
S'enveloppe, et bientôt, fils d'un autre hémisphère,
L'acajou la revêt de ses éclats brillans.

Tout cède, enfans des arts, à vos efforts puissans;
Vos mains, du Créateur rivales téméraires,
A la nature avare arrachent ses mystères!

Mais d'où viennent ici ces tourbillons de feux?
Non, ce n'est plus Vulcain dans ses antres fumeux,
Ebranlant de l'Etna la masse chancelante;
Une divinité, d'une main plus savante,
Par de nombreux essais, par d'utiles travaux,
Eprouve la nature au feu de ses fourneaux.
Autour d'elle, en grondant, la flamme tourbillonne;
Le métal se recrée, il se fond, il bouillonne,
En barres il s'alonge, il se creuse en canaux,
Ou docile reçoit l'empreinte des ciseaux.
Mais que vois-je! quel art! N'est-ce pas un prestige?
Un instant a suffi pour créer ce prodige:
Voilà ses traits chéris: mon prince, c'est bien toi!
C'est ton buste sacré; Français, c'est votre roi.
Buste heureux! de nos cœurs tu recevras l'hommage
Tant que l'airain saura conserver son image!

TABLEAU V.

Arrivée du roi à Metz. — Exercice du Polygone dans l'île Chambière. — Attaque et défense du fort de Belle-Croix.

L'ART MILITAIRE.

Déjà Metz à nos yeux se montre avec orgueil,
Metz, de nos ennemis le redoutable écueil;
La victoire en ces murs tient sa foudre assoupie,
Qu'elle peut réveiller au seul nom de patrie.
Pour connaître cet art dont les secrets divers
A l'Europe savante ont soumis l'univers;
Suivons les pas du prince; et dans l'île Chambière,
Où s'exerce aux combats la jeunesse guerrière,
Nous verrons les humains, par un funeste effort,
Apprenant à donner des ailes à la mort.
Ces machines d'airain, messagers de carnage,

Dont l'enfer inventa le redoutable usage,
En remplissant les airs d'un horrible fracas,
Ne donnent pas ici le signal des combats.
Des élans de la joie éclatant interprète,
Le canon n'est ici qu'un instrument de fête;
Et ne répandant plus ni la mort ni l'effroi,
Il porte jusqu'aux cieux notre amour pour le roi.
Phébus, pour éclairer une fête si belle,
Semble luire, en ce jour, d'une clarté nouvelle.
Dans un tube de bronze avec art enfermé,
Le salpêtre s'embrase, et le globe enflammé
Parcourt au sein des airs, avec obéissance,
De son chemin tracé l'infaillible distance;
La bombe atteint le but, le renverse, et soudain
La foudre mugissant dans sa prison d'airain,
La brise avec fracas, et, jetant l'épouvante,
Sur des débris fumans apparaît triomphante.

Portons plus loin les yeux. Le fort de Belle-Croix
Va servir de théâtre à de nouveaux exploits.
Charles, qui des Bourbons se rappelle la gloire
Et les lauriers récens que, d'un char de victoire,

Son fils triomphateur déposa sur son front,
S'avance vers le fleuve, il s'élance; et d'un pont
La soudaine merveille, unissant chaque rive,
Enchaîne aux pieds du roi la Moselle captive.
Les Français séparés en deux corps différens,
Opposant, quoique amis, leurs escadrons brillans,
Vont offrir à nos yeux l'image de la guerre;
Bellone, au nom du roi, leur ouvre la barrière;
Chacun des deux partis, à la voix de l'honneur,
Range ses bataillons; une nouvelle ardeur
Circule dans les rangs. Plus doux que la victoire,
Un regard de leur roi suffira pour leur gloire.
On croirait qu'animant tant de remparts vivans,
Un même esprit préside à ces grands mouvemens;
Ils marchent, sous leurs pas la terre au loin résonne,
Ils présentent partout ces piques dont Bayonne
Déroba le secret au démon des enfers.
L'arme qui peut du ciel imiter les éclairs,
Obéit à leurs mains, dirige le tonnerre
Et de ses roulemens effraie au loin la terre.
Déjà les feux croisés en tourbillons brûlans,
Sous un nuage épais cachent les combattans;

N'est-ce pas le chaos dont l'image soudaine
Du dernier jour du monde est la dernière scène ?
Non, ce désordre affreux, ce chaos fut prévu,
Dans la tête du chef d'avance il fut conçu.

Ainsi, quand l'Éternel, sur le trône des mondes,
Suit les sphères roulant dans des routes profondes,
Sa volonté divine, en réglant leurs concerts,
Inexplicable encor commande à l'univers !

Déjà de Belle-Croix les machines guerrières
Offrent à l'ennemi d'impuissantes barrières;
C'en est fait, sur ses murs il porte la terreur,
Il écrase ses tours, il s'élance, et vainqueur.....
Mais, grand Dieu! quel fracas! quel bruit épouvantable,
Chef-d'œuvre du démon, ouvrage abominable,
Une mine s'entr'ouvre, et, menaçant les cieux,
Lance comme un volcan des colonnes de feux.
L'ennemi ne voit plus que ruines fumantes,
Et la victoire a fui de ses mains triomphantes.

Le prince, applaudissant à ces nobles essais,

Reçoit avec amour l'hommage des Français;
Et la Victoire aussi, d'un air de complaisance,
Sourit du haut des cieux aux guerriers de la France.

TABLEAU VI.

Le roi traverse l'Alsace, passe à Château-Salins, à Phalsbourg, à Saverne. — Les villageois arrivent à sa rencontre montés sur des chevaux, et les jeunes filles portées sur des chariots qui offrent chacun la réunion de couleurs semblables.

L'UNION.

Les foudres de Bellone et ses secrets divers
Ne mettent pas les rois à l'abri des revers,
C'est l'amour des sujets qui fonde leur puissance,
C'est par lui que du sort ils bravent l'inconstance.

Douce union des cœurs, noble et puissant lien,
Du sceptre des Bourbons la force et le soutien,
Tu parais animer ces campagnes fertiles,
Et, quittant à ta voix leurs demeures tranquilles,
Tous les Alsaciens viennent offrir leurs vœux

Au roi dont le bonheur est de les rendre heureux.
Salins, Phalsbourg, Saverne, et ces mille villages
Qui déroulent aux yeux leurs vivans paysages,
Se lèvent pour bénir leur prince bienfaisant,
Et forment sur ses pas un cortége imposant.
Vive le roi! ce cri, que partout on répète,
Est du cœur des Français l'unanime interprète.
Le vieillard à ce cri retrouve un feu nouveau;
Il relève son front courbé vers le tombeau,
Ses yeux demi-fermés s'ouvrent à la lumière;
Mais il mourra content, sa tardive carrière
Lui réservait encore un instant de bonheur;
Il va, de sa vieillesse excitant la lenteur,
Aux pieds du roi qu'il aime apporter sa prière,
Et sa dernière larme a mouillé sa paupière.
Ses enfans sur ses pas, dans ce jour solennel,
Ont déserté leurs champs et le toit paternel.
Leurs chevaux, se rangeant en escadrons mobiles,
Sous l'heureux villageois courbent leurs fronts dociles,
Et sur des chars nombreux rassemblés au hasard,
Les femmes vont, du prince épiant un regard,
Apprendre à leurs enfans, que ce spectacle entraîne,

A vénérer un nom qu'ils bégayent à peine.

Au jour, dont la clarté s'éteint avec lenteur,
La nuit semble envier ces instans de bonheur;
Déjà son char d'ébène, en roulant en silence,
Dans le vague des airs mollement se balance;
Mais elle ne vient pas, répandant des pavots,
Engourdir les humains, suspendre leurs travaux;
Mille feux allumés au sommet des montagnes,
De rayons empruntés éclairent les campagnes.
Toute fière au milieu d'un brillant appareil,
Elle semble effacer la clarté du soleil,
Et fuit avec regret l'aurore qui la presse.

Partout des écuyers rivalisent d'adresse;
Ici, la hache au bras, des sacrificateurs
Conduisent des taureaux qu'ils ont parés de fleurs;
Mais c'est vous dont surtout j'admire l'élégance,
Séduisantes beautés, ornement de la France!
Pourquoi ces chars nombreux, ces groupes élégans,
Cette uniformité de costumes changeans?
L'une, dont la candeur se fie à la nature,

D'un ruban rouge ou noir a formé sa parure;
L'autre, sous un chapeau qu'embellit une fleur,
Des roses de son teint protége la fraîcheur;
Dans l'art de se parer celles-ci plus savantes
Forment de leurs cheveux les tresses ondoyantes,
En ombragent leur front, ou de boucles encor
Savent accompagner un bonnet de drap d'or.
Je le vois, c'est ce jour qui vous a réunies,
Et de la France aussi vous êtes les génies;
De graces et d'attraits cet ensemble touchant
Présente aux yeux de Charle un bouquet ravissant.

Et vous, princes voisins [1], que ce spectacle enchante,
Dites-moi, votre cour est-elle aussi brillante?
Des Français pour leur roi voyez le dévoûment,
De leur force voilà le secret important;
Et l'amour des sujets sur qui Charles se fonde,
Est le soutien du trône et l'exemple du monde!

[1] Le roi de Wurtemberg et le grand-duc de Bade.

TABLEAU VII.

Henri IV raconte au poète la cause de l'absence des deux princesses. — Voyage[1] de S. A. R. Madame dans le midi. Elle préside à la Fête des Fleurs, suit le cours de la Loire, pose la première pierre du monument qui doit être élevé à Bisson, reçoit l'hommage des jeunes sourds-muets, s'élève sur les plus hauts sommets des Pyrénées et sauve la vie à un jeune voyageur. — Voyage[2] de S. A. R. Madame la Dauphine à Chaumont. Elle annonce de nouveaux secours accordés par le roi aux communes ravagées par la grêle.

LA BIENFAISANCE.

Mon cœur était ému, mes sens étaient ravis;
Le prince radieux et son auguste fils
Des peuples enivrés recevaient les hommages,
Je regarde... mais quoi... deux nobles personnages

[1] Ces détails sont tirés de la relation du voyage de S. A. R. Madame, par M. le vicomte Walsh.

[2] Ces détails ont été fournis par M. Damboise, maire de Chaumont.

Manquent à cette fête, où règne le bonheur.
De même qu'à son père apportant une fleur,
Un enfant cherche encor, dans sa naïve ivresse,
Sa mère, doux objet d'une égale tendresse;
De même tous les cœurs cherchent en ce beau jour
Deux princesses encor qu'appelle leur amour.
Vers mon guide immortel j'élevais ma pensée,
Henri prévint ainsi ma demande empressée.

Les princesses, dit-il, car je lis dans ton cœur,
Portent vers d'autres lieux la joie et le bonheur.
Dignes filles du Roi, leur seule jouissance
Est de veiller sans cesse au bonheur de la France;
Et sur leurs pas aussi l'on voit se réunir
Des cœurs pour les aimer, des voix pour les bénir:
Combien de malheureux, révérant leur image,
Adorent, prosternés, la main qui les soulage;
Sans doute ils pensent voir, dans leurs rêves heureux,
L'aimable bienfaisance, aux attraits gracieux,
Qui, d'une forme humaine empruntant l'apparence,
Au monde consolé rapporte l'espérance,
Et, du ciel échappée apparaît à leurs yeux

Versant à pleines mains ses trésors précieux.

. . . .

L'une, qui de nos rois un jour sera la mère,
De Paris a quitté le rivage prospère,
Et visite ces monts où l'Espagnol joyeux
Se rend pour contempler l'aspect majestueux
De nos champs fortunés qu'embellit l'abondance.
Tout s'anime et renaît à sa noble présence.
Aimable comme Flore, à la Fête des Fleurs,
Du printemps elle a pris le sceptre et les couleurs;
Sans crainte elle se livre, Amphitrite nouvelle,
A ces flots amoureux qui portent sa nacelle;
De la Loire suivant le cours obéissant,
Elle vogue, et sourit à ce vieillard trop lent,
Qui du haut d'un rocher, seul dans son ermitage,
Veut, avant de mourir, contempler son image.
Des héros de nos jours admirant la valeur,
A leurs manes sa main offre un tribut d'honneur:
Bisson, réjouis-toi! d'une gloire nouvelle
Ton sublime trépas est couronné par elle!
Quel spectacle nouveau! que veulent ces enfans?
Ils sont à ses genoux, et leurs bras caressans

Vers elle sont tendus, comme vers une mère;
Mais quoi! ce nom d'amour aucun ne le profère,
Ils l'essaîraient en vain, inutiles regrets!
Ne les condamnez pas : hélas! ils sont muets!
Partout des malheureux elle est la tendre mère,
Là de la vieille femme elle entend la prière;
Active, elle gravit ces monts, rivaux des cieux,
Qui perdent dans les airs leurs fronts majestueux.
Un enfant sur ses pas qu'entraîne son courage,
Entreprend pour la voir un pénible voyage;
La faim dans un désert va terminer son sort,
Il expire... elle vole, et l'arrache à la mort!

Loin de ces lieux encore est une autre princesse
Que la France partout salue avec ivresse;
En vain les élémens déchaînent leur fureur;
Elle vient annoncer un Dieu consolateur,
Et, par elle, du roi la bonté tutélaire
Cherche le malheureux jusque dans sa chaumière.

Il existe aujourd'hui dans les murs de Chaumont
Une femme dont l'âge a sillonné le front,

Elle a connu ces temps, ces forfaits dont l'histoire
Conserve avec effroi la sanglante mémoire;
Elle avait autour d'elle assemblé ses enfans,
Et formait leur esprit par des récits touchans :
Un jour, leur disait-elle, on frappe à cette porte,
J'accours, un char s'arrête, il était sans escorte;
Une enfant, une vierge à peine de seize ans,
En sortit... je crois voir ses regards languissans;
Proscrite, s'échappant vers la terre étrangère,
Elle a quelques instans honoré ma chaumière.
Digne par ses vertus de son auguste nom,
C'était du roi martyr l'illustre rejeton!
Là je la fis asseoir, et mes mains empressées,
Que, sans changer mon cœur, l'âge a seules glacées,
Lui servirent du lait et des fruits savoureux;
J'y joignis en secret l'offrande de mes vœux.
Je ne pouvais mieux faire, et sa grace touchante
D'un modeste repas parut reconnaissante.
La vieille en était là, ses enfans écoutaient,
A ce touchant récit leurs cœurs s'attendrissaient,
Et déploraient le sort de la jeune princesse.
Soudain un cri s'élève, on accourt, on se presse;

C'est l'auguste Dauphine, et la publique voix
Partout redit le nom de la fille des rois.
Elle fuit les transports de la foule empressée;
Un souvenir bien doux occupe sa pensée ;
Ce n'est pas une fête ou de vains monumens
Qu'elle vient admirer; des tableaux plus touchans
Vont émouvoir son cœur. Dans sa secrète ivresse
Elle accourt, et bientôt revoit la bonne hôtesse,
Dont, au jour du malheur, le foyer l'accueillit.
La vieille en ce moment finissait son récit:
La voici, mes enfans, la voici, leur dit-elle.
Dans ses yeux ranimés le plaisir étincelle;
Tous ses vœux sont comblés : la fille de nos rois
A daigné se montrer sous de rustiques toits,
Et de son cœur sublime en sa reconnaissance
Le touchant souvenir attendrira la France!

TABLEAU VIII.

Arrivée du roi à Strasbourg. — Visite à l'arsenal. — Douze cents pièces de canon montées sur leurs affûts sont présentées au roi.

LA FORCE.

Quittant avec regret des scènes de bonheur
Dont le tableau touchant avait ému son cœur,
Henri se rappelait cette époque si chère
Où, tout un peuple heureux l'adorant comme un père,
Dans l'asyle du pauvre il trouvait le bonheur,
Et ses regards semblaient dire comme son cœur :
Qu'il est doux de régner sur des sujets qu'on aime,
D'oublier quelquefois l'éclat du diadême;
Du Louvre dédaignant l'appareil somptueux
Sous de modestes toits combien je fus heureux!
Le paysan, sincère en sa reconnaissance,
M'offrait de son repas la rustique abondance.

Mais bientôt dans Strasbourg mille cris éclatans
A la mélancolie arrachèrent nos sens;
Tout m'offrait en ces lieux l'emblème de la force.
Des jeux et des plaisirs suivant la douce amorce,
La France jusqu'ici, d'un air de volupté,
A nos yeux éblouis étalait sa beauté.
Je crus la voir alors terrible et belliqueuse
Saisissant sans effort l'arme victorieuse
Du héros fabuleux, dont les travaux divers
De monstres douze fois ont purgé l'univers.
Je vis aussi le Rhin, et ce fleuve rapide
Aux flancs du Saint-Gothard cachait sa tête humide.
Mais de la France en vain il fuit le bras puissant,
Et sous ses pieds vainqueurs se roule en mugissant.
Bords devenus fameux, nos phalanges guerrières
Vingt fois ont traversé vos trop faibles barrières!

Le roi de ses guerriers vient animer l'ardeur;
Des ondes en courroux déjà le pont vainqueur
Apparaît à nos yeux, et de l'Europe entière
La France à ses enfans semble ouvrir la carrière.
On les voit autour d'elle, agitant des lauriers,

Façonner en airain mille traits meurtriers;
Ils ont forgé le fer, instrument de ruines;
Roulant sur mille affûts, déjà mille machines
Prêtes à foudroyer attendent le signal.
Tremblez tous! ces boulets, par un art infernal,
Renversent les remparts, et volant sur les ondes
Abîment les vaisseaux au sein des mers profondes.
Ah! si de Navarin le succès éclatant
Fut pour nos fiers marins l'ouvrage d'un instant,
Ces nombreux arsenaux, vomissant la tempête,
Bientôt de l'infidèle écraseraient la tête.

Mais plutôt que la paix, dictant ses douces lois,
Fasse entendre aux humains sa bienfaisante voix!
France on connaît ta force, ah! dépose tes armes,
Du repos à longs traits savourons tous les charmes;
Laissons Mars loin d'ici déployer ses fureurs;
Tous les ans le printemps nous apporte des fleurs;
Pomone tous les ans nous offre sa corbeille:
Dormons, l'espoir nous berce, et pour nous le roi veille!
Mais, si pour te venger d'ennemis insolens,
Une cause sacrée appelait tes enfans,

Prince heureux, tu verrais à ta voix animées
De la terre jaillir d'innombrables armées,
Et l'ange de la mort, accourant sur tes pas,
Pour frapper tes rivaux viendrait armer ton bras !

TABLEAU IX.

Visite au tombeau du maréchal de Saxe.

LES SOUVENIRS.

Sur un modeste sol, que la gloire environne,
Le cyprès s'entrelace au laurier de Bellonne;
La mort ici triomphe, et la gloire est en deuil.
Majestueuse encor du fond de son cercueil,
L'ombre de ce héros, que Fontenoi proclame,
Semble ici des Français agiter l'oriflamme.
Le roi, de ses lauriers dépositaire heureux,
Court offrir au grand homme un hommage pieux.
Mais quel tableau brillant! grand Dieu! quelle magie
Vient enivrer ses sens d'une douce harmonie:
Chastes filles d'Odin, qui portez jusqu'aux cieux
De vos lyres d'argent les sons mélodieux;

Qui, sur les monts glacés de la Calédonie,
Célébrez les héros que pleure la patrie;
Romantiques esprits, dont les funèbres chants
Transportent les guerriers à leurs derniers momens,
Et qui, rivaux du Dieu qui tonne sur nos têtes,
Osez mêler vos voix au fracas des tempêtes,
Pourriez-vous égaler les magiques accens
Dont la puissance alors vint captiver mes sens?
Je vis les souvenirs que, dans sa nuit profonde,
Le passé trop souvent dérobe aux yeux du monde.
Par un prisme magique ils semblaient éclairés;
Mon esprit crut les voir pompeusement parés,
Comme ces monumens qu'aux remparts de Messine
Un mirage trompeur à l'horizon dessine;
Entourant le tombeau d'un deuil religieux,
Tristes, ils abaissaient leurs fronts majestueux
Sur l'urne du héros dont s'honore la France;
Une robe d'azur, flottant avec aisance,
Descend jusqu'à leurs pieds, et, par un charme heureux,
Retrace du passé le tableau merveilleux.
Mais la pompe d'un roi descend dans ces retraites;
A l'aspect d'un Bourbon ils relèvent leurs têtes,

S'agitent de plaisir, et deux des plus brillans
De l'inspiration ressentant les élans,
Cèdent à leurs transports et saisissent leur lyre ;
Bientôt s'abandonnant au plus noble délire,
Ils chantent tour-à-tour, et leurs divins accens
Du cygne qui se meurt nous rappellent les chants.

PREMIER SOUVENIR.

Je chante ces héros, resplendissant de gloire,
Dont la patrie en pleurs révère la mémoire ;
Honneur à ces guerriers !
Sur leurs tombeaux sacrés effeuillons une rose;
Dans une douce paix que leur cendre repose
A l'ombre des lauriers !

DEUXIÈME SOUVENIR.

Je célèbre ces rois qui, de la Providence
Fidèles messagers, répandent sur la France
D'innombrables bienfaits.
Par le bras des héros leurs armes sont portées,
Les marches de leur trône ont été cimentées
Par le sang des Français !

PREMIER SOUVENIR.

Salut, beau paladin ! noble preux de la France!
Que les peuples émus répètent la romance
Et le nom de Rolland,
Depuis l'Èbre vaincu jusqu'à ce froid rivage
Où le Saxon reçoit sur sa tête sauvage
Un baptême de sang!

DEUXIÈME SOUVENIR.

Charlemagne, salut! enfant de la victoire,
Le bandeau des Césars, noble prix de ta gloire,
Des peuples t'a fait roi.
L'Occident est frappé d'une crainte profonde,
Il tombe à tes genoux, et le globe du monde
Marchera devant toi!

PREMIER SOUVENIR.

O dernier rejeton de la chevalerie!
Bayard, vaillant héros, tu meurs pour la patrie,
Mais ta place est aux cieux!
Le rebelle vainqueur, ému par ta prière,

N'ose te contempler à ton heure dernière,
Et détourne les yeux !

DEUXIÈME SOUVENIR.

O malheur imprévu, désastre de Pavie!
Gloire de Marignan, tu viens d'être ternie;
Que peut donc la valeur?
Grand roi, de nos destins admirable prophète,
Écris donc sur ton glaive : « Ah ! tout dans ma défaite
« Est perdu fors l'honneur. »

PREMIER SOUVENIR.

J'ai vu, la torche en main, tout un peuple en prière
Suivre au tombeau des rois l'urne dépositaire
De l'objet de son deuil !
Je leur ai demandé quelle en était la cause,
Ils dirent : « Nous pleurons, et Turenne repose
« Au fond de ce cercueil ! »

DEUXIÈME SOUVENIR.

Nos yeux ont vu pâlir l'astre de notre gloire,
Et sur le champ d'honneur l'inconstante victoire

Quitta nos étendards;
Mais bientôt le monarque, ébranlé sur son trône,
Regarde ses enfans: soudain la foudre tonne
Aux mains du fier Villars!

Tous reprirent : Pleurons ces vengeurs de la France,
Dont Mars a moissonné la trop courte existence;
Célébrons de nos rois les règnes éclatans :
Et le docile écho répèta leurs accens.

TABLEAU X.

Illuminations.—Feu d'artifice. — Bal.

LES PLAISIRS.

Ces apparitions soudain évanouies
Comme un songe ont cessé ; bientôt d'autres génies
Accourent en dansant, et leurs folâtres jeux
Par de rians tableaux viennent charmer nos yeux ;
De leur vol passager ils effleurent la terre,
C'est l'essaim des plaisirs, troupe aimable et légère.
Le Français les adore, et leur temple enchanté
Se voit aux lieux chéris où règne la beauté.
Ces enfans, qui toujours aux fêtes bocagères
Aiment à s'égarer sur les pas des bergères,
Sont rentrés aujourd'hui dans ces brillans palais
Où le luxe orgueilleux les appelle à grands frais.

L'un sur le front du roi porte un bras téméraire :
Du diadême heureux que la France révère
Il soulève le poids, et, fier de son larcin,
De guirlandes de fleurs le couronne soudain.
Un autre sur son sceptre, emblème de puissance,
Porte sa faible main qu'avec crainte il avance;
Il appelle à son aide, et ses frères nombreux
S'unissent pour tenir ce dépôt précieux.
Ils entraînent le prince, et vont plein d'allégresse
De la nuit dans Strasbourg dissiper la tristesse.
Dispersés sur leurs pas, des feux étincelans
Se balancent dans l'air au caprice des vents;
L'architecture ici, sous de brûlans portiques,
Renaît comme un phénix en arceaux magnifiques;
Sur les toits embrasés la flamme en longs éclairs
Étonnant nos regards s'agite dans les airs,
Et semble disputer au Dieu de la lumière
La gloire d'éclairer les peuples de la terre.

Mais quel est ce palais que l'art vient d'exhausser,
D'un volcan au berceau semblant nous menacer.
Déjà le roi s'avance, il y porte la flamme,

L'éclair n'est pas si prompt, et le volcan s'enflamme;
Il mugit, le fracas de mille feux naissans
Frappe au loin les échos à coups retentissans;
Comme un géant de feu, qu'une occulte puissance
Évoqua des enfers, le premier jet s'élance;
Fier rival de la foudre il gronde dans les cieux,
Et va perdre en leur sein son front audacieux;
Soutenant dans les airs ses flammes étendues,
Long-temps de sa lumière il sillonne les nues;
Mille autres le suivant par des chemins nouveaux,
Croisent leurs traits de feu, se forment en berceaux,
Retombent en mêlant leurs gerbes éclatantes,
Étalent à nos yeux leurs flammes rougissantes,
Pleuvent comme le dieu qui trompa Danaé,
Et le ciel à nos yeux paraît incendié.

Laissons ces feux légers se croiser sur nos têtes;
La troupe des plaisirs m'entraîne à d'autres fêtes.
Bientôt devant le prince, ardent à les chérir,
Des graces et des jeux le temple va s'ouvrir.
La beauté de ces lieux est l'aimable déesse,
Terpsichore y préside, et la foule s'y presse.

Sous des robes de gaze et des voiles de fleurs,
De leurs jeunes attraits élégans protecteurs,
Mille fraîches beautés, avides de conquêtes,
Charmant les yeux du prince, embellissent ces fêtes;
Suivant des instrumens les sons mélodieux,
Elles forment leurs pas aux tours voluptueux
De la danse française, ou pleines d'élégance
De la valse allemande observent la cadence.

La joie et le bonheur règnent dans ce séjour,
Et le roi transporté contemple avec amour
Les plaisirs des Français et leur vive allégresse.
Leur prince au milieu d'eux partage leur ivresse;
O plaisirs séduisans! puisse votre douceur
Répandre sur sa vie un éternel bonheur!

TABLEAU XI.

Visite à Mulhouse. — Le roi quitte l'Alsace. — Apparition de Jeanne d'Arc.

LA PROTECTION DIVINE.

Heureux de voir les cœurs voler sur son passage,
Charle arrive à Colmar; il poursuit son voyage;
Et déjà les ramiers, porteurs d'un doux espoir,
A Mulhouse annonçaient le bonheur de le voir.
Il est aux yeux de tous l'ange heureux de la France,
Et partout des bienfaits signalent sa présence.
Comme un tribut d'amour, l'industrie à ses yeux
Étale sa richesse et ses dons merveilleux.

Déjà de Vaucouleurs il voit le paysage :
Une vierge soudain, s'offrant à son passage,

S'arrête devant lui. Sa grace, sa fierté,
Sur son front découvert relevaient sa beauté;
S'inclinant vers le char : Grand roi, dont la clémence
N'entend jamais en vain le cri de la souffrance,
Daigneras-tu, dit-elle, écouter les accens
Qu'élève jusqu'au trône une fille des champs?
J'ai souffert pour la France, et, sainte messagère,
J'accomplis aujourd'hui les ordres de mon père.
Le monarque reprit : Tous égaux devant moi,
Mes sujets librement approchent de leur roi;
Sans crainte et sans détour tu peux, jeune bergère,
En parlant à ton roi parler comme à ton père.

A ces mots, au milieu d'harmonieux concerts,
On la vit lentement s'élever dans les airs,
Et ses membres légers, ainsi que le feuillage
Que l'aile du zéphyr rencontre en son passage,
Par l'haleine des vents mollement agités,
Vers le divin séjour paraissaient emportés;
Ses traits sont animés d'un céleste sourire,
Et, levant ses regards vers le ciel qui l'inspire,
« Elle s'écrie alors : Mon père est dans les cieux;

« Des hommes et des rois c'est le roi glorieux ;
« C'est lui qui, m'animant d'une force invincible,
« Aux Anglais consternés rendit mon bras terrible ;
« C'est lui qui, m'accueillant dans son sein bienheureux,
« Du milieu d'un bûcher m'emporta dans les cieux,
« Quand d'un lâche ennemi la vengeance cruelle
« En cendres réduisit ma dépouille mortelle.
« Comme au sacre du roi qui fut cher à mon cœur,
« Charle, à ton sacre aussi j'eus ma place d'honneur.
« Dieu ! qu'il fut beau ce jour, où maîtrisant ton âme,
« Invisible à tes yeux, l'immortelle oriflamme
« Des anges rassemblés éblouissait les yeux !
« Quand ma main l'inclina sur ton front radieux,
« Nous entendîmes tous la divine harmonie
« Célébrant du Très-Haut la puissance infinie,
« Mêler ses hymnes saints aux chants majestueux
« Qui remplissaient de Reims les murs religieux.
« Poursuis, roi bien-aimé, la divine puissance
« Plane encor sur ta tête et protége la France.
« Mon ame est transportée, et le divin Esprit
« Dicte à mes sens troublés ce que ma voix redit.
« L'avenir m'éblouit ! Quelle France nouvelle

« Apparaît à mes yeux plus riante et plus belle !
« Là tout est rajeuni ! Quels destins glorieux
« Vont illustrer les jours de l'enfant merveilleux
« Que déjà la Fortune adopte à sa naissance !
« Quel avenir de gloire il promet à la France !
« Noble espoir d'un grand peuple, obéis au destin ;
« Jusque dans ton berceau le Ciel te tend la main.
« Abandonne tes jeux et les bras de ta mère ;
« Des héros, à ton tour, mesure la carrière ;
« Tes ennemis fuiront dispersés sur tes pas ;
« Ils seront écrasés par ta foudre en éclats ;
« L'univers se taira devant ton char rapide.
« Mais, dès tes jeunes ans, prends l'équité pour guide ;
« Mets le monde à tes pieds en faisant son bonheur ;
« La gloire en est le prix, il doit flatter ton cœur.
« Imite ton aïeul, et que la bienfaisance
« Féconde les vertus que promet ton enfance ;
« Tous les Français, heureux de vivre sous tes lois,
« Te placeront un jour au nombre des grands rois. »

Jeanne alors disparut, et la foule étonnée
En bénissant son nom demeura prosternée.

TABLEAU XII.

Réveil du poète. — Rentrée du roi à Paris.

CHARLES X.

O père des Bourbons! Henri! pourquoi me fuir ?
Mais tout a disparu. Quoi! Pour te retenir
J'étends en vain les bras. Si mon ame ravie
Porta ton culte heureux jusqu'à l'idolâtrie;
Si, de roses couvert, ton buste radieux
Reçut, chaque printemps, mon encens et mes vœux,
Reste encore; mais tu fuis, ton ombre vaporeuse
Ne présente à ma main qu'une amorce trompeuse.
Hélas! qui me rendra ces tableaux séduisans,
Dont ton pouvoir divin sut enivrer mes sens?
La voici, cette feuille où timide poète

Je réclamais du ciel l'influence secrète,
Quand pour chanter nos rois, cédant à mon ardeur,
Sans art je résolus d'interroger mon cœur.
Ah! mon cœur fut trahi par ma verve impuissante...
Mais que vois-je! quels traits! quelle main bienfaisante
Traça sur mon papier ces signes merveilleux?
Tous mes vœux sont comblés; et ces tableaux heureux,
Qui bercèrent mes sens de leur douce magie,
Sous une main divine y retrouvent la vie.
O toi que j'invoquai, monarque glorieux,
Tu daignas exaucer le plus cher de mes vœux!
Oui, voilà ton ouvrage! et ces pages fidèles,
Clio, les emportant sur ses brillantes ailes,
Au temple de Mémoire ira les consacrer;
Les siècles tour-à-tour viendront les vénérer;
Ces pages, du passé restes impérissables,
Dans le cœur des Français seront ineffaçables.
L'espoir au front riant les tenant dans ses mains
Redira désormais aux malheureux humains,
Que sur le trône aussi veille une Providence.
Les yeux mouillés de pleurs, l'aimable bienfaisance,
Pour instruire les rois, y puisant des leçons,

Leur offrira toujours l'exemple des Bourbons;
Mais cet élan des cœurs, ces transports d'allégresse,
Ces flots majestueux d'un peuple qui se presse,
Ces tableaux de bonheur, ces bienfaits répandus,
Ces vœux réalisés aussitôt qu'entendus,
A la postérité pourront-elles tout dire?
Non! dans le fond des cœurs il faudrait pouvoir lire.....

Qu'entends-je! mille cris dans les airs élancés;
Un peuple qui partout accourt à flots pressés
A ce nom révéré que mille voix bénissent.....
Du palais des Bourbons les voûtes retentissent;
Et le drapeau sacré, sous ses blanches couleurs,
Va des Français joyeux rallier tous les cœurs;
Peuples! de votre roi saluez la présence,
C'est un génie encor qui protège la France!

www.ingramcontent.com/pod-product-compliance
Lightning Source LLC
LaVergne TN
LVHW050451160826
845677LV00003B/735

* 9 7 8 2 3 2 9 6 7 3 2 9 5 *